Gisela Keil (Text)
Christa Brand (Fotos)

Romantische Gärten

Mit Fantasie gestalten, zauberhaft bepflanzen

Seite 1: *Romantischer Willkommensgruß. Tor und Türen mit anmutigem Charme entführen Besucher schon am Eingang in ein Reich der Fantasie – wie diese scherenschnittartigen Märchenmotive. Die begleitenden immergrünen Thujen verbergen Sommer wie Winter die Sicht, und machen neugierig darauf, welch geheimnisvoller Garten sich wohl dahinter auftut.*

Seite 2/3: *Verwobene Übergänge. Wenn Zaun und Gartengrenzen von Pflanzen überspielt werden, entsteht der Eindruck, der Garten sei unendlich. Damit diese Illusion auch im Winter erhalten bleibt, bilden hier Immergrüne wie Rhododendren und Eiben ein wintergrünes Gerüst, überragt von hohen Tannen und filigranen Birken, die mit mädchenhaftem Charme durch die Jahreszeiten geleiten. In einem heiteren Reigen zu ihren Füßen verhindern kleine Gehölze, berankte Obelisken und Frühlingskinder wie Vergissmeinnicht, Narzissen, weiße Tulpen und der Silberling mit seinen duftenden rosa Blüten jede Strenge.*

Links: *Ganze Tage im Garten. In einer Hängematte sich sanft schaukelnd Tagträumen hinzugeben, umgeben von der üppigen Blütenpracht Alter Rosen und deren schweren süßen Düften – an Sommertagen wie diesen scheint die Zeit still zu stehen. Ein Stück vom Paradies? Nein, ein romantischer Garten!*

Inhalt

Vorwort

**Romantische Gärten lassen die Herzen höher schlagen – vielleicht,
Sinnen huldigende paradiesische Welt entführen, die uns vorüber-
len Alltag entreißt. Wer einen solchen Sehnsuchtsgarten gestalten
dem Spieltrieb frönen, Kindheitsträume verwirklichen und lustvoll mit
mentieren –, um dann sein kleines Elysium mit allen Sinnen zu genießen.**

Was wir heute als romantische Gärten bezeichnen, sind keine Kreationen der Epoche der Romantik, sondern Gartenbilder, die eher einer Gefühlslage entsprechen und in die eine Vielzahl stilistischer und epochaler Elemente eingeflossen sind. Ihren Anfang nahmen sie mit der Entdeckung der Natur, wie sie erstmals in den englischen Landschaftsgärten des 18. Jahrhunderts propagiert wurde. Bis dahin waren Gärten über Jahrtausende vom Prinzip der Ordnung geprägt – die Gärten des Islam wie der Antike, des Mittelalters ebenso wie die der Renaissance und des Barock. Diese streng geordneten Gärten wurden im Mittelalter als Spiegel der göttlichen Ordnung verstanden, in Renaissance und Barock hingegen als Demonstration ordnender Herrschergewalt über Mensch und Natur. Einem roten Faden gleich lässt sich ihre architektonische Vorbildwirkung bis in heutige formale Gärten verfol-

weil sie uns in eine verwunschene, den gehend dem entmythisierten, schnel- möchte, kann seine Fantasie ausleben, Farben, Formen und Düften experi-

Tendenz zur Nostalgie. Was pragmatische Naturen vielleicht als Kitsch abtun, können „Romantiker" meist ohne Scheu genießen: Verspielte Szenen in zarten Farben nach historischen Vorlagen – wie dieses turtelnde Taubenpaar inmitten himmelblauer Vergissmeinnicht.

gen, die eine hinreißend dekorative und ruhige Ausstrahlung besitzen. Eines sind sie jedoch meistens nicht: romantisch.
Jeder, der einen romantischen Garten sein Eigen nennen möchte, kann ihn sich schaffen. Große und kleine Gärten auf dem Lande wie in der Stadt, ja selbst Vorgärten können in verträumten Zauber getaucht werden – vorausgesetzt Haus und Ambiente passen dazu. Denn es macht keinen Sinn, ein modernes, funktionales Gebäude mit einem romantischen Garten zu umgeben.
Auch wenn diese grünen Paradiese mit vielfältigsten Facetten überraschen, so lassen sich dennoch gestalterische Gemeinsamkeiten finden. Die folgenden fünf Kriterien umschreiben die spezifischen Eigenschaften dieser traumhaften Gärten und ermöglichen Gartenfreunden aus der Einsicht heraus, sich selbst ein solches Reich zu erschaffen.

Romantische Gärten sind frei gestaltete, naturhaft orientierte Anlagen mit den folgenden Merkmalen. Sie sind:

Organisch. Formale Gärten, die den Gesetzen der Geometrie und dem Kalkül gehorchen, empfinden wir aufgrund ihrer starren Formensprache nicht als romantisch. Das Flair der Bezauberung entsteht vielmehr durch natürliche und naturhafte Eindrücke, wie sie ein idealisierter Zufall gebiert. In romantischen Gärten greift man deshalb gerne zu Gestaltungsprinzipien, die der Natur entlehnt sind und huldigt dem Prinzip der Unregelmäßigkeit und der gewachsenen Unordnung. Wer seinem Garten romantische Bewegtheit verleihen möchte, sollte deshalb rechte Winkel, starre Kanten und abrupte Übergänge vermeiden. Angesagt sind stattdessen weiche, fließende Formen und Verläufe sowie ein malerisches Miteinander und graziles Verwobensein von Pflanzen und architektonischen Elementen.

Reich blühend und üppig bepflanzt. Gartenromantiker möchten zumindest vorübergehend im Garten in eine andere Welt abtauchen, die Fantasie und Sinne beflügelt. Und wie könnte man eine solche Welt besser schaffen als durch Blütenwogen und -girlanden oder grüne Pflanzenwelten, in denen man Elfen, Pan und Faun vermutet? An sonnigen und halbschattigen Plätzen sorgen Blumen und Ziersträucher mit vielen kleinen, zarten Blüten in hellen Farben oder Pastelltönen für einen verspielten Blütenrausch, während im Schatten Blattpflanzen in unterschiedlichen Formen und Grünnuancen Lichtungen wie aus dem Märchenbuch erwachsen lassen.

Verwunschen. Romantische Gärten umgibt der Reiz des Geheimnisvollen und Unüberschaubaren. Was sie dazu macht, sind verschlungene Wege, verschwiegene Plätze, tanzende Schatten unter Laubbäumen, aber auch von Moos, Flechten und Efeu überwucherte Findlinge, Wurzeln oder Bänke in einem wildromantischen

Blütenzauber. Sie nennt sich Pfingstrose, bewirkt aber einen Seelenzustand, der von der lichten Schönheit der Porzellanblüten und ihrem zarten Duft beflügelt wird.

Gartenteil. Wer will, kann sogar ein wenig englische Schauerromantik verbreiten, die sich vor allem in großen Gärten mit altem Baumbestand gut inszenieren lässt, mit überwucherten nostalgischen Bruchstücken, Säulen oder gar Ruinen mit gotischen Steinfenstern. Von Ramblerrosen übersponnene Tempel oder bemooste Grotten deuten hingegen eher auf italienische Einflüsse hin. Und natürlich ist Wasser ein wichtiger Bestandteil des romantisch-pastoralen Idylls. Stille, ganz in Pflanzen eingebundene Naturteiche mit summenden Libellen gehören ebenso in diese Welt wie kleine Wasserfälle oder Rinnsale.

Sinnlich. Romantische Gärten wollen alle Sinne ansprechen im Geiste der von der Romantik proklamierten Synästhesie, der Verschmelzung mehrerer Sinneseindrücke zu einem untrennbaren Gesamterlebnis. Blüten lehren uns mit Farben und Düften diese Sprache der Poesie zu empfinden; man denke nur an das süße, schwere Violett des Flieders. Auch Töne und Geräusche sollten einbezogen werden, wie das Plätschern des Wassers, das Rauschen der Blätter oder das Windspiel hoher Gräser. Wasser bereichert die Sinnenwelt aber nicht nur durch Töne, sein Flimmern und Spiegeln zeigt den Garten in impressionistischer Manier, während Gehölze für den Tanz von Licht und Schatten verantwortlich zeichnen.

Dramaturgisch. Trotz naturhafter Anklänge und wildnishafter Bereiche werden romantische Gärten bewusst gestaltet. Je kleiner die Fläche, desto wichtiger ist das raffinierte Spiel mit den Versatzstücken der Natur. Und in Anlehnung an die romantische Vorstellung vom Gesamtkunstwerk, wonach Kunst und Natur in Übereinstimmung gebracht werden sollen, gehören auch edle Gartenornamente als Blickfang und stimmungsvolle Accessoires in diese inszenierten Traumlandschaften.

Hinter Blütenschleiern der Welt entrückt. Dem gestaffelten Aufbau dieser Hecke und ihrem schwingenden Verlauf sieht man den nützlichen Sichtschutz nicht an. Ende Mai findet dieses Fest der Blüten statt, die vor allem in den lauer werdenden Nächten süßen Duft verströmen. Vor der Kulisse des weiß-bunten Hartriegels (Cornus alba *'Argenteomarginata') und des überschäumenden Perlmuttstrauchs* (Kolkwitzia amabilis) *präsentieren sich weißer Fingerhut* (Digitalis purpurea *'Alba'), weißes Tränendes Herz* (Dicentra spectabilis *'Alba'), noch nicht aufgeblühtes Brandkraut* (Phlomis russeliana), *die Blatthorste der Lanzen-Silberkerze* (Cimicifuga racemosa *var.* cordifolia), *des Geißbarts* (Aruncus dioicus) *und der Eichenblättrigen Hortensie* (Hydrangea quercifolia) *sowie der rosaviolette Silberling* (Lunaria annua) *in voller Pracht.*

Gestaltungsprinzipien

Ganz gleich, welche Schwerpunkte und Vorlieben im romantischen rosenumrankte Dornröschenwelt, ein Zaubergarten mit duftenden Geheimnis umwitterter Bereich an altem Gemäuer, ein Künstlergarten idyllischer Wassergarten für Nymphen oder eine Freiluftgalerie für die gleichen Grundsätze der Gestaltung.

Mit diesen wenigen Gestaltungsstrategien lassen sich stimmungsvolle Gärten inszenieren:

Edler Auftakt. Bereits der Eingang zum Garten sollte einladend wirken und auf ihn einstimmen. Nostalgisch kunstvolle Tore, Bögen und Laubengänge sind wunderschöne Elemente, um den verträumten Charakter bis an die Gartengrenze zu holen und den Blick in den Garten stilvoll zu rahmen. Aber auch vom Garten aus sollte sich ein gefälliges Bild bieten. Besonders anmutig wirken übrigens Tore und Bögen in gotischer Spitzbogenform.

Inszenierte Abgeschiedenheit. Damit der Garten zu einer Insel der Muße wird, ist es nötig, ihn nach innen auszurichten, Eindrücke der Außenwelt möglichst auszugrenzen. Ein grüner Sichtschutz ist da die beste Lösung. In kleinen Gärten erfüllen historische oder elegante Rankgitter und raffinierte Treillagen mit Kletterpflanzen

Garten verwirklicht werden, eine Kräutern und summenden Bienen, ein mit eingewucherten Skulpturen, ein Waldgeister – sie alle berücksichtigen

Rosenduft am Fenster. Die reizenden Vorhänge und der weiße Giebel machen nur den halben Charme dieses Fensters aus. Den Rest übernimmt die Kletterrose, die die strenge Fassade des Hauses mit ihrer anmutigen Schönheit belebt.

sowie Schnitthecken mit schwingender Vorpflanzung platzsparend diesen Zweck. Große Gärten hingegen können sich den Zauber einer frei wachsenden Blütenhecke erlauben, die durchsetzt mit immergrünen Gehölzen auch im Winter blickdicht ist.

Weiche, fließende Linienführung. Wege, Beete, Teich und Sitzplätze erhalten durch sanfte Konturen und organische, asymmetrische Formen einen ungezwungenen, naturhaften Charakter.

Überspielte Konturen. Harte Grenzen sind verpönt. Verführerische Bilder entstehen, wenn das Grün des Gartens Gebäude und Mauern erobert, sich über Wege und Treppen ergießt.

Kleinräumigkeit. Unterteilte Gärten sind lauschig, halten Überraschungen bereit oder verführen zum Träumen in stillen Ecken.

Angelegte Blickachsen. Von zentralen Punkten und Sitzplätzen aus sollten sich besonders schöne Ansichten bieten.

Verschwimmende Grenzen und Kanten

Bilder voller Charme entstehen, wenn Pflanzen und Gartenelemente ein malerisches Tête-à-Tête eingehen. So sollte das Grün nie abrupt vor der Architektur enden. Man begrünt deshalb Hauswände und Mauern mit Kletterpflanzen, die, wählt man starkwüchsige wie Glyzinen *(Wisteria sinensis*, ►), Bergwaldreben *(Clematis montana)* oder Knöterich *(Fallopia baldschuanica)*, das ganze Haus erobern können und obendrein vorübergehend in ein Blütenmeer tauchen. Von unten her verwandeln Sträucher, Kübelpflanzen und Stauden die Zäsur zwischen Haus und Garten in einen laubigen, Blumen gesäumten Übergangsbereich.

Dieses Prinzip des verwobenen Miteinanders gilt auch für kleine Architekturen wie Treppengeländer, Brüstungen, Balustraden, Einfassungen, Stufen und vieles mehr. Die von Efeu *(Hedera helix)* umsponnene und von Buchsbaum *(Buxus sempervirens)* begleitete Steinbalustrade (◄) bleibt auch im Winter dank der immergrünen Nachbarn ein organischer Teil des Gartens.

Mauern und Stufen erhalten Flair, wenn Mauerkrone und -fuß von Pflanzen umspielt werden. Hier neigt sich Frauenmantel *(Alchemilla mollis)* zartrosa Kronwicken *(Coronilla varia)* zu, die sich in dichter Fülle am Mäuerchen emporranken (▲).

Kleinräumige Verwunschenheit

Alles mit einem Blick übersehen zu können, beflügelt die Fantasie mitnichten. Das Prinzip der Mode, durch Verhüllen und Einblick gewähren Schönheit zu inszenieren, gilt auch für Gärten. Damit sie geheimnisvoll und idyllisch wirken, konzipiert man kleine Winkel und abgelegene, intime Oasen zum Träumen und Atemholen in der Natur mit dem Ziel einer verwunschenen Unübersichtlichkeit.

Kleine Gehölzgruppen und abgesenkte Bereiche sind ideale Mittel, um den Eindruck verschwiegener Kleinräumigkeit zu erwecken. Werden sie in Größe und Bepflanzung unterschiedlich gestaltet, verwöhnen sie die Sinne mit vielen Eindrücken, wie dieser abgesenkte Sitzplatz, der zwischen Buchskugeln, gelben Taglilien und Prachtstorchschnabel zum Wohlfühlen einlädt (▲).

Nur einen Blick durchs Schlüsselloch gestattet dieser grüne Durchgang, ein Bogen aus Scheinbuche *(Nothofagus antarctica*, ◀), der neugierig macht auf die Schätze dahinter.

Wunderschöne Elemente, die Gärten in stimmungsvolle Kleinräume unterteilen, sind einzelne von Ramblerrosen oder Clematis berankte Bäume, die mit Blumen unterpflanzt zu duftenden, Blüten bekränzten Raumteilern werden (▶).

Aus der Farbpalette der Romantik. In romantischen Gärten kann jede Farbe verwendet werden, wenn sie zart wirkt. Diesen Eindruck vermitteln alle Farben, die durch Weiß zu feinen Pastelltönen mutierten. Sommerblumen in Pink und Violett überwiegen in diesem elfenhaften Blütenreigen aus Verbena rigida *'Polaris' (zartblau), violetten* Verbena-Hybriden, *rosa Löwenmäulchen* (Antirrhinum-F_1Hybride, *'Rocket'-Serie), Kosmeen in Rosa und Dunkelrot* (Cosmos bipinnatus) *und den alles überragenden violetten Blütenköpfen des Schleiereisenkrauts* (Verbena bonariensis).

Poesie der Farben

Farben haben Signalwirkung. Sie sprechen aber nicht nur die klare
und Aromen teilen sie sich über die Sinne mehrschichtig mit und kön-
beitragen. Mit kühlen Rosé- und Violetttönen zum Beispiel überzieht
und Nacht den Garten – kein Wunder, dass diese Palette uns als der
treiben wir also mit der Sprache der Blumen ein wenig Farbtherapie

Wer seinem Garten Atmosphäre verleihen möchte, sollte mit der Wirkung der Farben spielen, sich ihre Klangfarben und Aura gezielt zu Nutze machen. Zart, ätherisch und sehnsuchtsvoll soll er erscheinen und einen Hauch des vollkommenen Glücks verströmen. Klar, dass damit feuriges Scharlachrot, unbekümmertes Sonnengelb sowie vitales Orange als tragende Farben ausscheiden.
Die Farben der Romantik sind vielmehr verhauchte Pastelltöne wie Rosa, Hellblau oder Apricot, aber auch Blau, Violett, Weiß, Silber und dazu alle Grüntöne. Weiß und viele helle Farben erwachen bei Sonnenuntergang zu wahrem Leben und beginnen für romantische Nachtschwärmer wie von innen heraus zu strahlen. Bei Tag aber tragen sie irisierenden Lichtquellen gleich Helligkeit auch in dunkle Ecken und verbreiten mit weißen Blüten oder weißgeflecktem Laub einen Hauch überirdischer Unwirklichkeit.

Sprache des Verstandes. Wie Düfte
nen zur Steigerung des Wohlbefindens
die geheimnisvolle Zeit zwischen Tag
Inbegriff der Romantik erscheint. Be-
im Garten!

Farbe und Fee. Im abwechslungsreichen Grün der Gräser stehen sich blaue Himmelsleiter (Polemonium caeruleum) *und Trollblume* (Trollius europaeus) *am Teichrand gegenüber. Als dritter im Bunde steuert die Skulptur ihren hellen Farbton bei.*

Die Gala der Farben lässt sich hinreißend kombinieren. Je höher ihr Weißanteil, also je pastelliger sie sind, desto besser harmonieren alle miteinander. Einfarbige oder Ton-in-Ton-Kombinationen strahlen Ruhe aus. Wer kräftige Töne bevorzugt, sollte nicht mehr als zwei Farben wählen, zu denen aber Grün, Silber und Weiß, die zu jeder Farbe passen, als dritte Partner ergänzt werden können. Kleine pastellige Blüten besitzen Liebreiz und sollten in größeren Mengen erscheinen, damit sie nicht untergehen. Große Blüten in kräftigen Farben hingegen eignen sich besser als eingetupfte Akzente. Aber auch mit Blättern allein, deren Nuancen, Texturen, Formen und Größen, lässt sich im rein grünen Spektrum eine verwunschene Atmosphäre zaubern. Wie Blüten und Blätter sind auch Gartenelemente Farbträger, deren Kolorit oder Materialien den Gesamteindruck entscheidend beeinflussen.

Farbspiele mit Blüten, Blättern und Elementen

Wer mit Blütenfarben malt, taucht den Garten nur für die Dauer der Blütezeit in die Stimmung dieser Farben. Übers Jahr kann er deshalb wechselnde Farbbilder zeigen oder die Lieblingsfarbe beibehalten. Die kühle Zweifarbigkeit von violettem Prachtstorchschnabel *(Geranium* x *magnificum)* und silbernem Blauweiderich *(Pseudolysimachion spicatum* ssp. *incanum,* ▲) wird bald in ein blauviolett-gelbgrünes Blütenmeer übergehen, wenn Frauenmantel *(Alchemilla mollis)* und Blauweiderich ihre Pracht entfalten.
Komplementärkontraste bilden die lebhaftesten Farbeindrücke und sollten in verwunschenen Gärten behutsam eingesetzt werden. Mischen und Gegenüberstellen der Grundfarben Gelb, Rot und Blau führen zu den Kontrastpaaren Orange – Blau, Violett – Gelb sowie Grün – Rot, deren sprühende Leuchtkraft sanfter wird, durchsetzt man sie mit Weiß oder Silber, wie hier mit Mutterkraut *(Tanacetum parthenium,* ◄).
Auch Gartenelemente beeinflussen mit Farbe und Materialtönen das Gartenbild, fügen sich farblich in den Blütenreigen ein oder trumpfen mit einer Gegenfarbe auf, wie diese blaue Bank im weißen Garten der Kletterrose 'Madame Plantier' und des Chinesischen Blumenhartriegels *(Cornus kousa* var. *chinensis,* ►).

Elemente mit Charme

Oft fehlt im Garten nur noch eine einzige Bereicherung, um ihm stim-
Umgestaltung des Weges, eine irisierend spiegelnde Wasserfläche, wo
oder eine mit duftenden Rosen berankte Pergola, um einen kleinen
gen Sitzplatz abzugrenzen – all diese Kleinarchitekturen werden zu
Stationen, die neue Ausblicke ins grüne Reich ermöglichen.

Bauliche Gartenelemente haben meist einen praktischen Nutzen, immer jedoch prägen sie auch Stil und Stimmung der floralen Welt. Zum wichtigsten Repertoire romantischer Gärten zählen Wege und Treppen, Bögen und Sitzplätze, Lauben und Pavillons ebenso wie Teiche und Wasserspiele, die in Größe, Stil und Material auf den Garten abgestimmt sein sollten. Da sie ihn außerdem horizontal oder vertikal untergliedern, sollten sie so platziert werden, dass unterschiedlich große Bereiche entstehen. Vor allem kleine Gärten wirken weiter, wenn von Höhenelementen wie Obelisken oder Bögen Blütengirlanden herabrieseln können und hinter Pergolen, Rank- und Gitterwänden die eindeutigen Konturen des Gartenraums verschwimmen.

Glanzstücke leben vom Detail, deshalb sollte man bei diesen meist für längere Zeit errichteten Architekturen sehr genau auf Material,

mungsvolles Leben zu verleihen. Eine einst der Sandkasten der Kinder war, Bereich des Gartens für einen lauschimalerischen Gartenkulissen und zu

liebevolle Ausführung und Stil achten, da wir durch die getroffene Auswahl mit entscheiden, ob das Gepräge des Gartens romantisch elegant, verspielt, exotisch oder romantisch naturhaft wird. Damit die baulichen Accessoires keine Fremdkörper bleiben, müssen sie nach dem Bau mit vielen verschiedenen Pflanzen liiert werden. Alles was neu ist, lässt oft das verwunschene Flair vermissen. Deshalb werden in eleganten oder verspielten Gärten Elemente mit nostalgischen oder historischen Formen bevorzugt, wie zum Beispiel Rankwände und Mauern mit neugotischen Spitzbögen, gusseiserne viktorianische Gartenmöbel, nostalgische Pavillons und weiße Treillagen aus Holz oder gar barocke Grotten. Sind neue Steine und Ziegel unumgänglich, bestreicht man sie mit Buttermilch oder Joghurt, dann setzen sie an feuchten, schattigen Plätzen schnell Moose und Flechten an.

Jahreszeiten-Sitzplatz. Vom Duft der Rosen begleitet gestattet dieser Sitzplatz im Herbst einen herrlichen Blick auf die mächtigen Horste des Chinaschilfs (Miscanthus sinensis). *Liebevoll in eine Pflanzennische eingebettet, wird er aber auch selbst zum Blickfang.*

Wege und Treppen

Wege und Treppen werden durch Materialien, die auch an anderer Stelle im Garten verwendet werden, harmonisch integriert. Sie sollten ihn jedoch nicht in geraden Linien und rechten Winkeln durchtrennen oder dies gar noch durch akkurate Einfassungen betonen. Viel näher kommt dem romantischen Gefühl ein sanft gewundener Wegverlauf, dessen Ende nicht auf Anhieb erkennbar ist, und in den anmutig beschwingt Pflanzen hineinwuchern. Diesen Rasenweg (▶) mit geheimnisvollem Ziel umschmeicheln Stauden wie Frauenmantel *(Alchemilla mollis)*, Prachtstorchschnabel *(Geranium* x *magnificum)*, Pfingstrosen *(Paeonia)*, Akeleien *(Aquilegia vulgaris)* und das Kaukasusvergissmeinnicht *(Brunnera macrophylla)* mit seinen großen herzförmigen Blättern.

Pflasterwege gewinnen Pfadcharakter durch robuste Pflanzen, die sich in ihren Fugen versamen und ausbreiten dürfen. Eine verspielte, organische Einbindung in die grüne Gartenwelt ermöglichen Trittsteine, die von Pflanzen wie Pfennigkraut *(Lysimachia nummularia)* umwuchert werden (▲).

Treppen mit seitlichen Stützmauern entwickeln kapriziösen Charme, wenn Pflanzen (hier Frauenmantel) die Kanten umspielen und malerisches Gartendekor die Brüstung schmückt (◀).

Dornröschens Traum. Der Märchenwelt scheint diese eiserne Laube entstiegen zu sein, an der die einmal blühende Ramblerrose 'Venusta Pendula' ihrer Lebensfreude keinen Einhalt gebietet. Ob Bogen oder Laube – mit Rosen bedacht, werden diese frei stehenden Elemente zum strahlenden Blickfang des Gartens und rahmen ihrerseits den Ausblick auf unnachahmliche Weise. Mit der Schönheit ihrer Blüten und der bewegten, unregelmäßigen Wuchsform können Rosen sogar formale Beet- und Rankanlagen mit Liebreiz umkränzen und in Paradiesgärtlein voll anmutiger Leichtigkeit verwandeln.

Lieblingsplätze zum Sitzen und Träumen

Sonnige Terrassen werden zu Aromainseln, wenn man sie mit duftenden Rosen, Stauden und Ziergehölzen säumt. Aber auch ein schattiger kleiner Gartenhof kann durch Verkleiden der Sichtschutzwand mit einem Wandbrunnen, mit immergrünem Efeu und einer Pfeifenwinde *(Aristolochia macrophylla)* am Spalier zu einem stimmungsvollen Refugium werden (▶). Das Weiß von Mauer, Mobiliar und Schirm erhellt sonnenarme Plätze, während schattenverträgliche Kübelpflanzen wie Buchs, Lorbeerbaum und Enzianstrauch *(Lycianthes rantonnetii)* grüne Kulissen bilden.
Zweitsitzplätze sollten besonders schöne Gartenerlebnisse bescheren, wie Plätze am Teich, zwischen Gehölzen oder Duftpflanzen. Ein von Blüten in den Farben des Himmels eingerahmter Zweitsitzplatz (▲) verführt unweigerlich zum Träumen. Die blaue Himmelsleiter *(Polemonium caeruleum)* hat es sich bereits auf der weißen Bank bequem gemacht, die rechts von weißem Phlox *(Phlox-Paniculata*-Hybride) und links von Farnen flankiert wird. Klappmöbel sind ideal für mobile Jahreszeitenplätze, die den Höhepunkten im Garten folgen. Im Mai ist es ganz sicher der von zartem Duft und Bienengesumm erfüllte Platz unter dem weiß schäumenden Blütendach der Obstbäume (◀).

Lauben, Pavillons und Gartenhäuschen

Alle diese geschützten Sitzmöglichkeiten sollten wie Liebeslauben in einem abgeschiedenen Gartenbereich liegen, damit sie vom Haus aus nicht zu sehen sind. Das macht sie idyllisch und inmitten der Natur zu einem Platz voller Beschaulichkeit.

Pavillons (▲) haben ein festes Dach, das auf halb offenen oder offenen Seitenteilen ruht. Diese filigran und kunstvoll gearbeiteten Kleinode werden häufig von Kletterpflanzen akrobatisch erklommen. Die beliebte Sechs- oder Achteckigkeit führt zu kleinflächigen, zierlichen Fronten mit unverstellten Ausblicken nach allen Seiten. Seitliche Sträucher oder Stauden sowie Pflanzen in Töpfen integrieren sie zusätzlich ins Grün des Gartens.

Lauben bestehen oft nur aus einer von Rankgerüsten umgebenen Bank, die wie ein grüner Alkoven bis auf eine Seite von Kletterpflanzen berankt werden. Dazu eignen sich auch einjährige, wie Japanhopfen *(Humulus japonicus)*, Sternwinde *(Ipomoea lobata)* oder Schwarzäugige Susanne *(Thunbergia alata,* ◀).

Gartenhäuschen mit geschlossenen Fronten können gar zu kleinen Musentempeln werden, die bei erhöhter Lage weite Ausblicke ermöglichen. Blumen in Beeten davor und Pelargonien in Kästen verweben das reizende Teehaus mit dem Pflanzenreich (▶).

Brunnen und Wasserspiele

Bewegtes Wasser von Bächen, Wassertreppen, Sprudelsteinen, und Springbrunnen bringt funkelndes Leben sowie melodisches Plätschern in den Garten. Stille Oberflächen hingegen beruhigen und bannen den Blick. Da bietet es sich förmlich an, die Fassung dieser Materie so schön es nur geht in den Garten einzubinden. In einer lauschigen Ecke umwuchert Frauenmantel den schweren Natursteintrog (▲) mit blauvioletter Unterstützung von Enzianstrauch und Leberbalsam in Gefäßen.
Platzmangel zwingt nicht zum Verzicht auf einen Wassergarten. In Containern und Trögen lässt sich das erfrischende Nass in jede Ecke holen. Wasser und Licht gehören zusammen, da Licht selbst stehendes Wasser zum Leben erweckt. Folglich schwimmen in diesem mit Terracotta-Accessoires arrangierten Troggarten (◀) Kerzen zwischen Krebsschere und Muschelblume, deren flackernden Schein Nachtschwärmern romantische Impressionen schenkt. In diesem Märchengarten (▶) ist das Wasser wohl behütet im Pfauenbrunnen wie in einem Schmuckkästchen. Es scheint, dass sein leises Sprudeln die Lebenslust der grünen Begleiter entfacht; die Glyzine am Bogen, die ballförmige rosa Kletterrose 'Raubritter' sowie alle Stauden legen beredtes Zeugnis davon ab.

Einladung an Nymphen und Libellen. Wasser, das Element des Lebens, ist von Mythen und Märchen umrankt. Im Garten ist ein Teich meist das malerischste Element, das uns mit seiner speziellen Pflanzen- und Tierwelt ebenso beglückt wie mit seinem Murmeln und Plätschern. Auch wenn Seerosen ihn mit extravaganter Schönheit krönen, sollten sie doch nur ein Drittel der Oberfläche bedecken, damit sich der Himmel mit all seinen Nuancen darin spiegeln kann.

Gartenschmuck

Was wäre ein romantischer Garten ohne Ornamente! Sie unterstrei-
oder moderner Note, dass dies ein Reich der Fantasie ist, in dem Götter
und zusammen mit Floras verführerischen Künsten ein Hauptanliegen
Natur und Kunst in Einklang zu bringen! Wer sie bei diesem Vorhaben
einem solchen ästhetischen Schlaraffenland auch Verstand und Seele

Ob neckische Putten oder zarte Elfen, Allegorien der Jahreszeiten oder allerlei Getier im Garten ihr heimliches Wesen treiben, die Möglichkeiten, ihn zu beleben, sind schier unendlich. Neben hohen Elementen wie Obelisken, Rosenbögen, Säulen, Vogelhäusern und -tränken oder Sonnenuhren gibt es halbhohe wie Amphoren, Vasen, Urnen und niedrige wie Kugeln, Pinienzapfen, Jardinieren und edle Kübel, die aber natürlich auch auf Podesten, Säulen oder Balustraden ihre barocke Pracht präsentieren können. Nicht zu vergessen die klassischen Sitzgruppen und Bänke aus Stein, Eisen oder Plantagenteak, die Europas Gartengeschichte aufleben lassen. Ob man sich für historische Nachbildungen oder moderne Objekte entscheidet, ist sicher eine Frage des Geschmacks, sollte aber zum Garten passen sowie Stil und Material anderer Objekte berücksichtigen. Dabei ist Einheitlichkeit nicht vonnöten, kunter-

chen mit dem Flair vergangener Zeiten und Feen gern gesehene Gäste sind der Romantik verwirklichen, nämlich unterstützt, wird bemerken, dass in zu einander finden.

Naturschönheit. Auch Produkte aus der Natur wie bizarre Wurzeln und Äste, Findlinge oder bemooste Quellsteine bilden kraftvolle Kontraste zu den filigranen Strukturen der Pflanzen und können wie Kunstobjekte als Gartenschmuck dienen. Sie passen vor allem in wildhafte, verwunschene Szenerien.

bunt sollte es jedoch auch nicht zugehen. Wer den winterlichen Zauber verschneiter Plastiken oder Zierelemente nicht missen möchte, muss winterfestes Material nehmen wie Stein, Blei, Plantagenteak, Guss- oder Schmiedeeisen oder frostfeste Verarbeitungen von Terracotta und Steinguss. All diese Schätze können gestalterisch dreierlei Funktionen erfüllen:

- Als Blickfang setzen sie Schwerpunkte, lenken den Blick nach oben oder unten und rücken damit auch ihre Pflanzen-Nachbarn ins Zentrum der Aufmerksamkeit.
- Mit Material und Farbe bereichern sie den Garten in blütenloser Zeit. Während der Blüte jedoch können sie die Blütenfarben kontrastieren, harmonisch unterstreichen oder aufgreifen.
- Mit ihrer Form wirken sie beruhigend und ordnend zwischen Pflanzen mit kleinen Blüten und Blättern oder unruhigem Wuchs.

Fluidum und Zauber der Vergangenheit

Mit historischen Nachbildungen lässt sich der Geist der Antike, der Renaissance, des Barock oder Rokoko ebenso beschwören wie die Aura englischer Gärten durch Accessoires im Regency, im viktorianischen oder neugotischen Stil. Das Angebot an attraktiven Skulpturen, Reliefs und Gefäßen im frostfesten Antiksteinguss erweitert sich jährlich. Während in streng formalen Gärten Kunstobjekte häufig als singuläre Akzente vor einer Schnitthecke oder im Zentrum eines Wegkreuzes platziert werden, kommt es im romantischen Garten darauf an, sie mit Pflanzen schmeichelnd zu umspielen. Als florale Begleiter einer antiken Büste werden zierliche Glockenblumen am Boden garantiert nicht übersehen (▲).
Kleine Gärten lassen sich durch Reliefs, Wandbrunnen mit nostalgischen Wasserspeiern oder Aufsteckrankgerüsten für Gefäße platzsparend schmücken, wie dieses Medaillon im Blütenreigen der grünlichweißen *Clematis florida* 'Alba Plena' beweist (◀).
Das verträumteste Blütenparadies wird erst durch ein Kunstobjekt vollkommen, das das Auge mit Schönheit fesselt und verzaubert. Die Freude am Ausschmücken des Gartens sollte sich aber in Grenzen halten. Ein bis zwei Exemplare im Blickfeld genügen, damit sie sich nicht in ihrer Wirkung beeinträchtigen (▶).

Keramik-Maid

Tipp: Ausgefallene Pflanzgefäße

Kopfschmuck und Frisur dieses rotwangigen Gartenkinds können nicht nur von Jahr zu Jahr wechseln, sondern auch den Wandel der Jahreszeiten mit vollziehen. Margeriten *(Hymenostemma paludosum)* und blaue Fächerblumen *(Scaevola saligna)* sind bis zum Herbst als sommerliche Hutmode angesagt. An frostigen Tagen darf die winterfeste Schöne Futter für die Vögel bereit halten.

Ton-Amphoren

Tipp: Stilvolle Arrangements

Großflächigkeit und Kleinteiligkeit fördern einander – ein Rezept, das immer gilt. Gräser mit ihrem filigranen Wuchs und die duftigen Dolden des Frauenmantels *(Alchemilla mollis)* kontrastieren wohltuend die einfarbigen Tonkrüge mit ihren harmonischen Rundungen, die ihrerseits zum Stillleben arrangiert der Gartensituation Ruhe und elegischen Zauber verleihen.

Schwirrflug

Tipp: Kugeln mit Fantasie

Auch das Spiel mit Fantasie und Symbolik ist beim Gestalten erlaubt. Libellen pendeln ein Leben lang zwischen Erdenrund und Himmelsblau. Wer wünscht sie sich nicht in den Garten, die hauchzarten Flugakrobaten mit ihren schillernden Flügeln? Auf dieser Keramikkugel ist eine festgehalten und zaubert viele Jahre verträumte Gartenszenen.

Eiserner Halt

Tipp: Extravagante Stützen

Es ist klar, dass sie zusammengehören, das Vogelpärchen auf dem Eisenstab. Sogar im Winter können sie darauf verharren, auch wenn die Buschmalve *(Lavatera thuringiaca)* dann diese Stütze nicht benötigt, weil sie Winterschlaf hält. In blütenloser Zeit lässt sich die Anmut des mit Rost patinierten Stützstabes anderweitig genießen, indem man ihn mit Meisenknödeln für weitere Piepmätze ausstattet.

Schnecke erlaubt

Tipp: Vogeltränken der anderen Art

Im wandernden Halbschatten unter Rhododendren und Farnen setzt dieses Keramikschneckenhaus einen bezaubernden Akzent. Seine harmonische Form und die aparte Farbe machen es zum Blickfang, der obendrein noch nützlich ist, denn mit Regenwasser gefüllt, spendet er an heißen Sommertagen Vögeln und Insekten erfrischendes Nass.

Vogelparadies

Tipp: Flächen verspielt strukturieren

Die schlanken Vögel auf ihren Eisenstangen genießen nicht nur den Duft von Geißblatt *(Lonicera)* und Phlox *(Phlox-Paniculata*-Hybride), sie erfüllen auch die Gartensituation mit heiterem Charme und lockern die große flirrende Fläche des weißbunten Hartriegels *(Cornus alba* 'Sibirica Variegata') mit ihrer plakativen Schlichtheit auf. Schön: die höhenversetzte Anordnung.

Luxusgeschöpfe der Natur. Gehölze können wie Kunstobjekte als Blickfang wirken, sei's durch ihren markanten Wuchs, die Pracht ihrer Blüten oder die Farbe ihrer Blätter. Andere enthüllen erst aus der Nähe betrachtet malerische Schönheit. Das wie mit kunstvollen Pinselstrichen gezeichnete Laub der weiß-bunten Kriechspindel (Euonymus fortunei *'Variegatus') färbt sich im Herbst rosa, während es im Sommer die öfter blühende alte Rose 'Perle d'Or' umgarnt, deren zart duftende Blüten in hellem Lachsrosa verblassen.*

Zauber der Gehölze

Bäume und Sträucher sind wahre Magier, die Duft und Farbe in den
bewegt mit dem geheimnisvollen Raunen ihres Laubs Stimme verlei-
Tanz von Licht und Schatten zum Leben erwacht. Vor allem aber prä-
markanten Strukturen ihres Wuchses und lassen in ihrem wechselnden
– oder beleben als Immergrüne auch den Winter.

Die Wirkung von Gehölzen hängt von ihren Eigenschaften, aber auch von ihrer Verwendung ab. In Gruppen oder Hecken beeinflussen sie sich gegenseitig in ihrer Erscheinung. Für den Einzelstand nimmt man unbedingt Pflanzen mit romantischer Note. Solche Bäume und Sträucher brillieren mit gefällig weichem, überhängendem Wuchs, mit duftenden Blüten und zarten Farben, mit betörender Herbstfärbung sowie mit immergrünem Laub oder prächtiger Rindenfärbung im Winter. Als langjährige Gartengefährten sollten sie sorgfältig ausgewählt werden, bei knappem Platzangebot empfehlen sich Exemplare, die gleich mehrfach im Jahr mit besonderen Eindrücken überraschen.

Hohe Laubbäume werfen einen romantischen Streuschatten, der zum Sitzen einlädt. Eine Rundbank macht sie gleichzeitig zum idyllischen Blickfang. Werden sie nicht als Sitzplatz genutzt, soll-

Garten hineintragen, ihm vom Wind
hen, sodass er im stimmungsvollen
gen sie ihn über lange Jahre mit den
Kleid die Jahreszeiten sinnlich erleben

Luxus-Domizil. In Bachnähe unter Gehölzen erhalten Rhododendren, Farne, Günsel (Ajuga reptans) *und Schattengräser die benötigte Luft- und Bodenfeuchte sowie den Halbschatten zum optimalen Gedeihen.*

ten sie eine Unterpflanzung aus Schattenstauden oder Bodendeckern erhalten. Sträucher und Hecken hingegen macht eine Vorpflanzung zum Schmuckstück, die durch gestaffelten Aufbau untere kahle Bereiche mit Blüten überspielt.

Gehölze mit überhängendem Wuchs benötigen nicht unbedingt eine Unterpflanzung, vor allem wenn sie an einem Teich oder einem Hang stehen. Unter breiten Hängeformen wie Trauerweide *(Salix alba* 'Tristis'), Laubenesche *(Fraxinus excelsior* 'Pendula'), Laubenulme *(Ulmus glabra* 'Camperdownii') oder Hängebirke *(Betula pendula)* sitzt man wie unter einem grünen Baldachin.

Schnittverträgliche Gehölze wie Buchs, Eibe, Lorbeer oder Bergilex *(Ilex crenata)* lassen sich auch zu Kugeln, Kegeln, Würfeln oder Tieren trimmen und zeigen dann zwischen anderen Pflanzen die gleiche dominante Wirkung wie Gartenplastiken.

Highlights mit anmutiger Blütenpracht

Wie perlende Fontänen illuminieren die bogigen Triebe der Prachtspieren *(Spiraea* x *vanhouttei)* von Mai bis Juni verborgene, halbschattige Sitzplätze durch ihr strahlendes Weiß (▶).
Schönheiten wie dem Schneeflockenstrauch *(Chionanthus virginicus)* gebührt ein Soloauftritt (▲). Im Juni überziehen seine langen, weiß duftenden Blütenrispen federleicht den bis 5 m hohen, dichtbuschigen Strauch, der später blauschwarze Früchte ansetzt und im Herbst mit goldenem Laub nochmals für Aufsehen sorgt.
Mit duftenden, bis zu 30 cm langen, hängenden Blütentrauben bezaubern im Mai nicht nur blaue und weiße Glyzinen *(Wisteria sinensis*, ◀), sondern auch die gelben des Goldregens *(Laburnum* x *watereri* 'Vossii'). Während Glyzinen an Pergolen Sitzplätze märchenhaft umgarnen, kommt der Goldregen als Solitär oder in einer Hecke am besten zur Geltung. Aber bereits vom Winterausgang an malt der Frühling bis in den Frühsommer hinein mit grazilen Sträuchern impressionistische Meisterwerke. Zur Hand gehen ihm dabei Duftschneeball *(Viburnum farreri)*, Zaubernuss *(Hamamelis)*, Felsenbirne *(Amelanchier)*, Glockenhasel *(Corylopsis spicata)*, Sternmagnolie *(Magnolia stellata)*, Blumenhartriegel *(Cornus florida)*, Zierkirsche *(Prunus)* und Zierapfel *(Malus)*.

Feuer und Flamme für Früchte und Farben

In barocken Brokatfarben von Gold über Scharlachrot bis zu Violett- und Braunrot entzünden viele Laubgehölze im Herbst ein letztes Feuerwerk. Herrliche Begleiter dazu sind Purpurfetthenne *(Sedum telephium* 'Herbstfreude'), vor deren Dunkelrot sich die prächtigen Töne des Amberbaumes *(Liquidambar styraciflua*, ▲) doppelt schön abheben, und Chinaschilf *(Miscanthus sinensis)*, dessen Sorte 'Malepartus' sich rotbraun färbt.
Etliche Gehölze legen einen Perlenschmuck aus reizvollen roten Früchten an, wie mehrere Arten und Hybriden des Schneeballs *(Viburnum*, ◄). Im Unterschied dazu bezaubert der Liebesperlenstrauch *(Callicarpa bodnieri* 'Profusion') mit seinen lang haftenden, einzigartigen lila Beeren, während die Zierquitte *(Choenomeles)* mit gelben Früchtchen auftrumpft.
Ahorne gelten nicht zu Unrecht als Meister der Herbstfärbung. Der Schlangenhautahorn *(Acer capillipes*, ►) erhielt seinen Namen wegen seiner weiß gestreiften grünen Rinde an Stamm und Ästen. Aber auch zur Farbe Rot hat er eine gute Beziehung, Blattaustrieb und Aderung sind oft so stark gerötet wie seine Herbstrobe. Als wollte es diese Pracht schützen, hat vor ihm das Pfeifengras *(Molinia caerulea)* seinen Fächer aufgespannt.

Blütenschönheiten mit geschmeidigem Wuchs. Sträucher mit weich überhängenden Kaskaden in Pastellfarben bilden ideale Hintergründe für Blumenbeete. Hier steigen Stauden wie Spornblume (Centranthus ruber), *Prachtstorchschnabel* (Geranium *x* magnificum), *Wollziest* (Stachys byzantina) *und Frauenmantel* (Alchemilla mollis) *als stolze Rosenbegleiter die Treppe zum Schmetterlingsstrauch* (Buddleja alternifolia) *empor.*

Duftsitzplatz. Kletterpflanzen zeigen gerne, was in ihnen steckt. Das Geißblatt (Lonicera heckrottii) *ist völlig anspruchslos. Es blüht reich mit krallenartigen Blüten von Juni bis August und verströmt dabei ein süßes Parfum. Zusammen mit* Clematis viticella *'Polish Spirit' gibt es diesem Sitzplatz blickdichte Rückendeckung.*

Kletterpflanzen als Stylisten

Die vielseitigen Verwandlungskünstler verleihen auch dem kleinsten
egal, ob sie mit duftender Blütenpracht oder dekorativem Laub auf-
nur 50 x 50 cm entwickeln sie meterlange Lianen und Triebe, die mit
und Sträucher einspinnen, aber auch wie geschmeidige Tentakel aus
noch so befremdliche Gartenelement zu einem Teil der vegetabilen

Kletterpflanzen tauchen den Garten wie keine andere Pflanzengruppe in traumverlorenen Zauber. Als elegante Fassadenkletterer sorgen sie für grüne Übergänge zwischen Garten und Architekturen, schlängeln sich an Mauern und Wänden, Lauben, Pavillons oder Carports empor, umgarnen aber ebenso gern Teicheinfassungen, Zäune und Treppen. In Eingangsbereichen entbieten sie einen reizenden Willkommensgruß, wenn sie Rosenbögen, Säulen, Türspaliere und -vorsprünge umwinden, während sie als Raumteiler an frei stehenden Rankwänden, Pergolen oder Bögen im Garten lauschige Bereiche abgrenzen. Und wie dürftig sähe die schönste Gartenplastik aus, wenn sich nicht Rosen oder Clematis um ihre Füße oder Hüfte schlängen! Starkwüchsige Vertreter dieser beiden scheuen sich auch nicht, als Wipfelstürmer Laubbäume zu erklimmen. Darüber hinaus sind sie als Stylisten tätig,

Garten märchenhaften Zauber, ganz warten. Aus einer Grundfläche von Blüten- oder Blattgirlanden Bäume dem Reich der grünen Magie jedes Welt machen.

Ordnung und Freiheit. Das Spiel mit diesem Kontrastpaar bereichert Gartenszenen. Die klare, strenge Form der Steinkugel wird charmant durch Efeu aufgelockert, der – wie übrigens viele Klettergehölze – auch kriechend verwendet werden kann.

die formalen Formen durch Überranken den strengen Charakter nehmen. Liebreiz entwickeln dabei vor allem blühende Kletterer wie Rosen (▶ Seite 68–71), Clematis, Geißblatt *(Lonicera)*, Gyzine *(Wisteria)* oder Kletterhortensie *(Hydrangea petiolaris)*. Erfolg mit Kletterpflanzen bedeutet aber nicht nur, ihre jeweiligen Ansprüche an Licht und Boden zu erfüllen, sondern auch ihre Rankstrategien zu kennen. Während einige wie Efeu, Kletterhortensie oder der Dreispitzige Wilde Wein *(Parthenocissus tricuspidata)* sich ohne Hilfe an Mauern und Bäumen festhalten können, benötigen die meisten anderen Rankhilfen. Diese können in Form, Material und Farbe nicht edel genug sein, denn von Spätherbst bis Frühjahr, wenn einjährige Kletterpflanzen abgestorben sind und die mehrjährigen Klettergehölze ihr Laub abgeworfen haben, treten die Rankelemente prägnant in den Vordergrund.

Huldine

Clematis-Hybride

Die bezaubernden schlanken, leicht gebogenen perlweißen Blüten erscheinen in reicher Fülle von Juli bis September. Sie erreichen einen Durchmesser von 5–10 cm und sind auf der Rückseite zartviolett überhaucht. Die bis 5 m hohe Pflanze kann in Süd-, West- und Ostlagen gepflanzt werden und sieht hinreißend in Bäumen aus. Schnitt: im Spätherbst oder Frühjahr Triebe bis auf 30 cm einkürzen.

Tetrarose

Sorte von Clematis montana

Wuchs- und blühfreudige Sorte der Bergwaldrebe, deren lilarosa, 5–7 cm große Blüten ganze Fassaden und Zäune, aber auch Pergolen und Pavillons von Mai bis Juni in süßen Duft hüllen. Bergwaldreben können bis zu 9 m hoch klettern und gedeihen in jeder Lage. Sie benötigen keinen Schnitt, können aber bei Bedarf ausgelichtet oder eingekürzt werden.

Markham's Pink

Sorte von Clematis macropetala

Die großblütige Alpenwaldrebe und ihre Sorten tragen gefüllte Blüten, die bei 'Markham's Pink' einen Durchmesser von 5–7 cm erreichen und von April bis Mai glockig hängend in Rosa erscheinen. Die Pflanzen werden an allen Standorten 2–3 m hoch und setzen hübsche Samenstände an. Ein Schnitt ist wie bei *Clematis montana* nicht nötig.

Mme Julia Correvon

Sorte von Clematis viticellla

Ihr tiefes Kirsch- bis Weinrot wird jedermann begeistern, der die bis 10 cm großen, sich reich entfaltenden Blüten mit dem goldgelben Strahlenkranz und den leicht verdrehten Blütenblättern vor Augen hat. Die robuste Sorte blüht von Ende Juni bis September ungewöhnlich lange und wird bis 3,5 m hoch. Sie gedeiht in jeder Lage. Im Spätherbst sollte sie bis auf 30 cm zurückgeschnitten werden.

Prince Charles

Clematis-Hybride

Über und über in Hellblau kleidet diese Hybride von Juli bis September ihr Rankgerüst ein. Die Einzelblüten öffnen sich auf 12 cm Durchmesser und präsentieren dabei cremefarbene Staubgefäße. Die in Neuseeland gezüchtete Clematis sollte nicht in Südlagen gepflanzt werden, in allen anderen kann sie bis 3 m hoch werden. Im Herbst erfolgt der Rückschnitt bis auf 30 cm.

Ville de Lyon

Clematis-Hybride

Karminrote, bis 14 cm große rundliche Blüten mit 6 leicht zurückgebogenen, nach innen zu aufhellenden Blütenblättern und gelbe Staubgefäße sind das Kennzeichen dieser bis 4 m hohen Hybride. An Süd-, West- und Ostlagen blüht sie bei reichlichen Wasser- und Düngergaben von Juli bis September prächtig. Im Herbst schneidet man sie auf 30 cm zurück.

Grüne Emporkömmlinge

Grün beruhigt und bildet romantische Kulissen für Pflanzen oder Gartenschmuck in anderen Tönen. Was wäre ein verwunschener Garten ohne das Dauergrün von Efeu *(Hedera helix,* ▲), dem Schattenkletterer, der Gemäuer, Steine, Baumstümpfe und -stämme überzieht und großblättige Pflanzen dekorativ präsentiert.

In Sonne wie Halbschatten rankt sich die Pfeifenwinde *(Aristolochia macrophylla,* ◄) bei gleichmäßiger Bodenfeuchte bis 10 m hoch. Ihr malerisches, dachziegelförmig übereinander liegendes Laub verleiht ihr plakative Eleganz. Dem Linkswinder genügt ein Drahtseil als Kletterhilfe, wegen seines üppigen, dichten Laubs wird er jedoch gern an Pergolen als Sicht- und Sonnenschutz gepflanzt. Bis zu 6 m kann auch der einjährige Japanische Hopfen *(Humulus japonicus)* mit seinen großen frischgrünen Blättern klettern, dessen Sorte 'Variegata' heiter weiß-grün gescheckt ist.

Für schönes Laub mit feuriger Herbstfärbung ist der Wilde Wein ein Begriff. Der bis 15 m hohe Kletterer eignet sich für Mauern und große Pergolen. Während *Parthenocissus tricuspidata* (►) sicher haftet, hängen Triebe von *Parthenocissus quinquefolia* oft malerisch herab. Auch die ebenso wüchsige Rostrote Rebe *(Vitis coignetiae)* färbt sich tiefrot, benötigt aber eine Kletterhilfe.

Unterm Rosenbaldachin. Kletterpflanzen in hohe oder alte Laubbäume klettern zu lassen, haben wir aus England gelernt. Starkwüchsige Clematis, Kletterhortensien, Efeu oder robuste Rosen – sie alle spinnen ein filigranes Gewebe um den Baum und kolorieren ihn mit der Farbe ihrer Blüten und Blätter. Wer möchte nicht unter diesen duftenden Girlanden der Kletterrose 'New Dawn' sitzen, tief ins Perlmuttrosa ihrer edlen Blüten blicken – und Gartenträumen nachhängen?

Hauptrollen für duftende Rosen

Überall, wo die Königin der Blumen fulminante Feste feiert, flicht sie ten sinnliche Ästhetik in den Garten ein. Dort kann sie mit ihren verzaubern. Kletterrosen erklimmen mit Blütengirlanden Rankge- und Wildrosen verleihen dem Garten imposante Akzente, Beet- und lichter auf, während flache Bodendecker auch über Mauern und

Als hätten bekränzte Feen ihre geheimsten Flakons geöffnet, so durchzieht der süß-schwere Duft Alter Rosen den Garten. Kein Wunder, dass sie mit ihren weichen sanften Tönen und ihren meist dicht gefüllten Blüten als Inbegriff romantischer Rosen gelten. Leider haben diese Blütenträume auch ihren Preis: Viele blühen nur einmal und remontierende Sorten sind nicht sehr frosthart.
Doppelten Genuss und Pflegeleichtigkeit bieten da moderne, öfter blühende, robuste Sorten mit nostalgischem Charme. Für romantische Gärten sollte man unbedingt Rosen wählen, die duften, die buschig und dicht belaubt sind oder elegant überhängen. Edelrosen mit ihrem langtriebig-steifen Wuchs und den einzelstehenden, übergroßen Blüten erfüllen dies weniger. Anmutig wirken vielmehr Blüten, die mittelgroß bis klein sind und in Büscheln erscheinen. Sie können dabei ball- oder schalenförmig, dicht-,

mit Duft, Farbe und Form ihrer Blü-
variablen Wuchsformen jede Situation
rüste, Bögen und Wände, Strauch-
Edelrosen setzen Blumenbeeten Glanz-
Treppen herabrieseln können.

halb- oder ungefüllt sein. Wichtig sind subtile Farben. Weiß, Elfenbein, Rosa, lichtes Gelb, Karminrot sowie dunkles Burgunderrot oder Violett sehen bezaubernd aus, wobei zur Zeit alle Nuancen von Apricot bis Pfirsich, vor allem im changierenden Spiel zwischen Rosa und zartem Gelb hochaktuell sind. Altmodischen Liebreiz entwickeln Rosen mit weichen, samtigen oder pudrigen Tönen. Sorten mit Signalfarben wie Scharlachrot, grellem Gelb oder Pink sollte man vermeiden. Nach dem Erfolg der Englischen Rosen, die den Charme Alter Rosen mit modernen Qualitäten verbinden, bieten viele Züchter und Rosengärtnereien Sorten mit nostalgischem Flair in gesonderten Rubriken an, wie Romantica Rosen (Meilland), Nostalgische Blütenträume (Tantau), Souvenirs d'Amour (Delbard), Old Master Rosen (Rosen-Union) oder Moderne Romantikrosen (Schultheis).

Samt und Seide. Manchmal erinnern bauschige Rosenblüten auch an hauchzarten Tüll. Einige bezaubern obendrein mit Farbspielen innerhalb der Blüte oder im Auf- und Verblühen. Deshalb Rosen möglichst nahe an Sitzplätze pflanzen, damit man sie intensiv riechen und sehen kann.

Romantische Rosenverwendung

Mit ihren unterschiedlichen Wuchsformen verführen Rosen einfach zum Gestalten. Die Climber unter den Kletterrosen, die an dicken, sparrigen Trieben vielfach öfter blühen und mittelgroße bis große Blüten entfalten, lassen sich an Spalieren und Pergolen ebenso gut ziehen wie an Bögen und Hauswänden. Die zweite Gruppe der Kletterrosen, die Rambler, präsentieren vorwiegend kleine Blüten in großen Büscheln an langen, biegsamen Trieben – leider meist nur einmal im Jahr. Mit nur 2,5 m Höhe und reicher, duftender Blüte ist 'Goldfinch' (▲) ideal für kleine Gärten. Den bei Kletterrosen oft verkahlenden Fuß umspielt blauer Prachtstorchschnabel *(Geranium* x *magnificum)*.
Starkwüchsige Rambler, wie 'Treasure Trove' können ganze Bäume überziehen (◀). Zum Schutz gegen deren Wurzeldruck pflanzt man sie in Kübel ohne Boden. Strauchrosen, Wollziest und Katzenminze sorgen in gestaffelter Pflanzung für eine schöne Basis.
Rosa Beetrosen präsentieren sich hier in einer kühlen Stauden-Kombination (▶) mit Palmlilie (*Yucca filamentosa*), helllila Feinstrahl *(Erigeron*-Hybride 'Quakeress'), Purpursonnenhut *(Echinacea purpurea)*, Prachtscharte *(Liatris spicata)*, Glockenblumen *(Campanula)* und Salbei *(Salvia)*.

Duftende Rosen-Nostalgie

Rosen berauschen nicht nur Auge und Nase mit exquisiter Schönheit, sondern sind Luxusgeschöpfe, die die Seele beflügeln, indem sie Blütenträume von erlesener Schönheit gepaart mit verspieltem Charme und betörendem Duft in den Garten tragen. Viele Gestaltungsmöglichkeiten bieten Strauchrosen, die sich als Einrahmung von Sitzplätzen ebenso eignen wie als solitärer Blickfang oder als duftender Beethintergrund. Man kann jedoch auch eine Hecke mit ihnen bereichern, indem man sie integriert oder vorpflanzt. In naturnahen verwunschenen Gärten sollten Wildrosen nicht fehlen, die den Herbst mit herrlichen Hagebutten schmücken. Den Anhängern der verspielten oder eleganten Romantik steht das Riesensortiment der Alten, Englischen und modernen Strauchrosen zur Verfügung.

ALTE ROSEN. Diese hinreißenden Strauch- oder Kletterrosen sind der Inbegriff romantischer Blüten. Sie entstanden vor den dauerblühenden Teehybriden 1867 und sind fast alle gefüllt mit süßen, schweren Düften. Zarte Rosatöne überwiegen, es gibt aber auch Weiß, Weinrot und dunkles Purpur. Reine Gelbtöne fehlen ebenso wie die Eigenschaft, dauerhaft zu blühen. Während moderne Rosen nach ihren Wuchsformen und der Verwendung eingeteilt werden, orientiert sich die Gruppierung der Alten Rosen an ihrer Abstammung oder den verwandtschaftlichen Beziehungen. Robuste, einmal blühende Sorten mit herrlichem Duft findet man unter den weißen oder zartrosafarbenen Alba-Rosen, die schon die Antike liebte, und den kräftiger getönten Gallica-Rosen, von denen 'Charles de Mills' (◂ unten) mit den größten Blüten der Gruppe aufwartet. Wie seine Verwandten wird der Strauch nur 1,2 m hoch, ist sehr frosthart und damit ideal für kleine Gärten. Portland-Rosen, wie 'Jacques Cartier' (◂ Mitte) verdanken ihre Fähigkeit nachzublühen (remontieren) der Einkreuzung der frostempfindlichen China-Rose. Zentifolien, wie 'Fantin Latour' (◂ oben) waren mit ihren schweren, rundlich gefüllten, nickenden Blüten in warmen Rosatönen die Lieblinge unserer Vorfahren und wurden häufiger als alle anderen Rosen gemalt.

ENGLISCHE ROSEN. Diese modernen Kleinstrauch-, Strauch- oder Kletterrosen entstammen Kreuzungen mit Alten Rosen, lassen deren Charme und Duft aufleben und brillieren darüber hinaus mit neuen Tönen wie Apricot, Pfirsich, Lachs und Kupfer. Viele Sorten sind dicht gefüllt, widerstandsfähig und öfter blühend. Kein Wunder, dass sie einen Erfolgszug ohnegleichen antraten. In weichen rosa Nuancen öffnen sich zum Beispiel 'Heritage', 'Cottage Rose' und 'Alnwick Castle', während kräftige Rottöne bei 'Dark Lady' (▶ Mitte), 'The Prince' (▶ unten), 'William Shakespeare' und 'Charles Rennie Mackintosh' für Aufsehen sorgen. Duftende Gelbvarianten zeigen unter anderem 'Charlotte', 'Gartenarchitekt Günther Schulze' (Syn. 'The Pilgrim'), 'Crocus Rose', 'Apricot Parfait' (Syn. 'Evelyn) und 'Pegasus' (▶ oben).

MODERNE STRAUCHROSEN. Diese kleine Auswahl neuer Züchtungen mit Duft und romantischem Flair will nur Anregungen geben. 'Ina an' Mona' und 'Proud Bride' (Jensen) sind starkwüchsige bis 2 m hohe Rosen, deren duftende, dicht gefüllte Blüten von Aprikosenrosa zu Fliederrosa verblühen. 'Bremer Stadtmusikanten' mit kamelienartigen Blüten in Cremerosa und 'Mein schöner Garten' mit lachsschimmerndem Rosa gingen aus dem Hause Kordes hervor, während es Tantau mit 'Rokoko' in porzellanartigem Lachsrosa und 'Astrid Gräfin von Hardenberg' in samtigem Bordeauxrot gelang, herrliche Blütenformen mit erlesenen Tönen zu kombinieren. Schultheis kann stolz sein auf 'Gruß an Oldenburg' in Schwefel-Goldgelb und 'Johannes Schultheis' mit ballförmigen Blüten in silbrigem Rosa. Meilland erweiterte sein Sortiment mit romantischen Strauchrosen wie 'Honoré de Balzac', 'Kir Royal' oder 'Flora Romantica'.

ROMANTISCHE BEETROSEN. Meilland ließ auch Beetrosen in diesem Stil folgen, wie 'Leonardo da Vinci' (dunkelrosa), 'Traviata' (dunkeljohannisbeerrot) oder 'Tchaikovski' (creme- bis pfirsichgelb), den auch Delbard mit feenhaften Sorten wie 'Madame Figaro' oder 'Jardins de l'Essonne' sowie Kordes mit 'Sebastian Kneipp' und 'Aprikola' unterstützen.

MALERISCHE BODENDECKER. Dauerblüher in unterschiedlichsten Höhen und Wuchsformen mit unglaublichem Blütenreichtum und bester Gesundheit entstammen der Rosenschule Noack, wie 'Estima', 'Schneeflocke', 'Richard Strauss' und 'Sommermelodie'.

HOCHSTAMM- UND KASKADENROSEN. Diese zauberhaften, auf Stämme veredelten Sorten herkömmlicher Beet-, Kleinstrauch-, Bodendecker- und Kletterrosen passen in Kübel und kleinste Gärten, als Wegbegleiter oder mitten in Blumenbeete.

Kletterrosen und Clematis – Traumpaar der Romantik. Rosen reichen Clematis gerne zum Ranken die Hand und werden dafür von ihnen galant umworben, wie hier die öfter blühende duftende Kletterrose 'Compassion' von Clematis viticella *'Kommerei'. Damit solche Bilder entstehen, kommt es darauf an, eine Clematis auszusuchen, die sich entweder zur ersten Rosenblüte im Juni oder zur Herbstblüte öffnet.*

Kiftsgate

Der einmal blühende Rambler klettert bis zu 10 m hoch. Die kleinen, ungefüllten rahmweißen Blüten bilden bis 45 cm großen Dolden und duften stark. Aus ihnen entwickeln sich in reichem Maß orangerote Hagebutten. Der Abkömmling von *Rosa filipes* ist wegen Frostempfindlichkeit nur für milde Regionen geeignet, dort aber ideal zum Beranken hoher Bäume, Mauern, Ruinen und Lauben.

Paul's Himalayan Musk

Einmal blühender, bis 10 m hoch kletternder Rambler mit locker gefüllten, hauchzarten Blüten von herrlichem Duft, die in großen Büscheln an den Enden der Triebe stehen. Ihr weißliches Violettrosa geht im Verblühen in Cremeweiß über und hebt sich dekorativ vom glänzend graugrünen Laub ab. Da die Rose Halbschatten verträgt, kann sie auch in Bäume klettern oder Laubhecken durchwuchern.

Alchymist

Einmal blühender Climber, der bis 3 m hoch wird. Die dicht gefüllten orangegelben Blüten sind rötlich überhaucht und duften hinreißend. Das glänzende Laub ist im Austrieb bronzefarben und sitzt an stark bestachelten Trieben. Die robuste Kletterrose ist frosthart und kann mit ihrem buschig aufrechten Wuchs gut Pergolen und Spaliere, aber auch Rosenbögen und Lauben überziehen.

Raubritter

Einmal blühender Rambler, der auch als breitwüchsige Strauchrose für Aufsehen sorgt. Kletternd erreicht die Rose 2,5 m. Ihre ballförmigen, 5 cm großen Blüten duften süß und erscheinen sehr reich in dunklem Rosa, das im Verblühen silbrig aufhellt. Als Strauchrose herrlich am Rand einer Terrasse oder einer Einfassungsmauer am Teich. Als Kletterrose am Spalier ebenso bezaubernd wie als Kaskadenrose.

New Dawn

Ungewöhnliche Ramblerrose, die an bis 4 m langen Trieben öfter blüht. Dazu verströmen die 8 cm großen, edel gefüllten Blüten köstlichen Apfelduft und changieren zwischen elfenbeinernen Porzellantönen und zartem Rosa. Der reich blühende Allrounder ist sehr frosthart und eignet sich für Wände, Pergolen, Spaliere, Bögen, Obelisken, aber auch überhängend über Mauern oder als Kaskadenrose.

Lawinia

Öfter blühender Climber, der bis 3 m hoch dicktriebig und buschig heranwächst. Die frischrosa Blütenblätter der großen gefüllten Schalenblüten schlagen sich im Aufblühen gleichmäßig nach hinten um und schimmern dabei silbrig. Die ungewöhnlich reiche Blütenpracht wird von fruchtigem Duft begleitet. Die Rose taucht Pergolen und Wände ebenso wie Bögen und Obelisken in ein nostalgisches Blütenmeer.

Duftige Leichtigkeit. Hier wiegen sich Stauden und zweijährige Sommerblumen im Zwischenreich des Halbschattens und tauchen dabei die Gartensituation in den zart-kühlen Farbklänge von Blau, Pink, Violett und Weiß. Hand in Hand tanzen blaue und weiße Schwertlilien (Iris sibirica) *und Akeleien* (Aquilegia vulgaris) *im süßen Duft der weißrosa Nachtviolen* (Hesperis matronalis) *und des pinkfarbenem Silberlings* (Lunaria annua) *zu den Paukenschlägen der violetten Zierlauchkugeln* (Allium aflatunense).

Staudenmalereien

Zum Blütenmeer, in dem Auge und Seele schwelgen möchten, gehören
mit Vielfalt und Farbigkeit begeistern. Stauden mit ihrer jährlichen
tigsten Gestaltungsmittel des Gärtners, denn sie lassen sich mit andern
merblumen oder Kräutern kombinieren und ermöglichen ihm mit
jeder Jahreszeit mit Blüten- oder Blattschmuck zu verzaubern.

Der Klaviatur des Gestaltens geht eine Fokusierung der geeigneten Stauden voraus. Denn nur wer Pflanzen wählt, denen die jeweiligen Bedingungen von Licht und Boden am vorgesehenen Standort entsprechen, wird mit prachtvollem Gedeihen belohnt. Zugegeben, diese Standortabhängigkeiten sind wie ein Auswahlraster, das aber glücklicherweise dank dem Einfallsreichtum von Natur und Züchtern für jede Situation und jeden Gartenwunsch ein Riesensortiment für jeden Geschmack herausfiltert.
Natürlich gibt es Stauden mit besonders stimmungsvoller Ausstrahlung, wobei auch solche mit weniger Flair im Kontext mit anderen ebenfalls eine bezaubernde Wirkung erzielen können. Wie bei Gehölzgruppierungen gilt auch für Blumen: Die Mischung macht's. Dabei entstehen im abwechslungsreichen Spiel mit Kontrasten und ungleichen Mengen die malerischsten Bilder. So sehen

verschwenderische Blumenbeete, die Wiederkehr sind dabei eines der wich- Pflanzen, wie Gehölzen, Rosen, Som- ihrer Vielfalt jeden Gartenbereich zu

in großen Anpflanzungen viele kleinteilige oder zartfarbene Blüten und Blätter mit plakativen oder volltonigen Einsprenkeln reizend aus, während kleine Beete auch durch großflächige oder farbkräftige Blüten mit filigranem oder pastellfarbenem Beiwerk verklärten Zauber erhalten.

Zweierlei wird mit Stauden angestrebt: der Eindruck von Natürlichkeit und reiches Blühen. Pflanzen mit steifem, starrem Wuchs sollten deshalb von buschigen, weich schwingenden Konturen umgeben sein, Stauden mit großen Blüten in lauten Farben nicht flächig sondern als Akzente eingesetzt werden. Um ein verwunschenes Blütenmeer im selben Beet rund ums Jahr zu erhalten, ist die Erfahrung vieler Jahre nötig. Wer erst auf dem Weg dorthin ist, kann durch jahreszeitliche Blüteninseln in verschiedenen Gartenbereichen Herz und Sinne auf Entdeckungsreise schicken.

Kaskaden in Miniatur. Wie Gehölze wirken auch Stauden mit überhängendem Wuchs stimmungsvoll. Den Halbschatten vor oder unter Gehölzen erhellen die Fontänen der weißen Astilbe-Simplicifolia- *Hybride von Juli bis August.*

Das Blau der Romantik

Blau ist die Farbe des Himmels und des Wassers, der grenzüberschreitenden Meditation und ätherischen Weite, befreit von Erdenschwere und entspannt. Dabei kann Blau unterschiedliche Stimmungen evozieren, man denke nur an das geheimnisvolle Blau der Nacht oder das liebliche Himmelblau der Vergissmeinnicht im Frühlingsgarten. Im Hintergrund eines Gartens lässt Blau die Distanzen verschwimmen, sodass er größer erscheint. Dies bewirken blaue Clematis an Mauern oder Spalieren ebenso wie zum Beispiel der blaue Scheinmohn *(Meconopsis betonicifolia,* ▲), den seine Vorliebe für Halbschatten und kalkfreie, humose Böden mit Farnen, Etagenprimeln und Astilben zur idealen Vorpflanzung vor Rhododendren macht.

Sonnenliebende blaue Stauden verzaubern auch Rosen. Ihr elegantester Verehrer ist Rittersporn *(Delphinium*-Hybriden), der mit sagenhaften Blautönen ganze Gartenpartien verklärt (▶) und bei einem Rückschnitt nach der Blüte im Herbst nochmals blüht. Katzenminze *(Nepeta* x *faassenii,* ◀) zählt mit Sommersalbei *(Salvia nemorosa)*, Pfirsichblättriger Glockenblume *(Campanula persicifolia)*, Lavendel *(Lavandula angustifolia)* und Staudenlein *(Linum narbonense)* zu den mittelhohen Rosenkavalieren.

Verträumtes Schattendasein

In feucht-kühlen Schattenbereichen oder im tanzenden Licht des Halbschattens präsentiert sich die Romantik von ihrer verwunschenen Seite mit wildhaften Schattenstauden und Bodendeckern. Tongefäße mit schönen Formen lenken den Blick auf sich und das benachbarte Blühwunder, den immergrünen gelben Lerchensporn *(Corydalis lutea,* ▲), der von Mai bis September blühend den Vegetationskreislauf der Funkie *(Hosta)* vom Austrieb über Blüte bis zum Vergilben des Laubs begleitet. Diese imposanten Blattschmuckstauden können mit weiß- und gelbgezeichneten Blättern den Schatten erhellen. Wer sie nicht dem Schneckenfraß opfern möchte, wählt die von Juli bis August blühende Glockenfunkie *(Hosta ventricosa)*.
Bodendecker, wie die weiße Schaumblüte *(Tiarella cordifolia,* ◄) oder das blaue Kleine Immergrün *(Vinca minor)* legen sich mit zierlichen Blüten und attraktivem Laub Gehölzen, wie hier der *Rhododendron-Knap-Hill*-Hybride 'Gibraltar', anmutig zu Füßen. Mit Schalen und Glöckchen beweisen gelber Waldscheinmohn *(Meconopsis cambria,* ►) und weißliche Akeleien *(Aquilegia*-Hybriden) dem dekorativen Trichterfarn *(Matteuccia struthiopteris)*, dass auch der Schatten mit zarten Blüten überraschen kann.

Stauden für romantische Gärten

In der Regel werden Blumenbeete höhengestaffelt gepflanzt. Für einseitige Beete vor einem Hintergrund, wie zum Beispiel einer Strauchrose, einer Hecke oder einer berankten Pergola, bevorzugt man eine einseitige Staffelung, während frei stehende Inselbeete im Garten rundum ansteigend, also pyramidenförmig aufgebaut werden. In kleinen Beeten können die höchsten Elemente in der Mitte auch ein Rosenhochstamm oder ein von Kletterpflanzen umsponnener Obelisk sein.

HOHE BEETSTAUDEN. In Kombinationen übernehmen sie die Leitfunktion, können aber auch als Solitäre Glanzlichter setzen. Mit mächtigen, aber hauchzarten weißen Wolken ziehen der Meerkohl *(Crambe cordifolia)* und das Riesenschleierkraut *(Gypsophila paniculata)* alle Blicke auf sich und verweben benachbarte Rosen unlösbar mit dem Garten. Die Schönheit ihrer Blüten und bis zum Saisonende markante Blätter verleihen Pfingstrosen *(Paeonia)*, Bartiris *(Iris-Barbata-Elatior*-Hybriden), Taglilien *(Hemerocallis*-Hybriden) und Waldgeißbart *(Aruncus dioicus)* malerische Präsenz. Im Unterschied dazu geben die hohen Blütenkerzen von Rittersporn *(Delphinium*-Hybriden) und Rotem Fingerhut *(Digitalis purpurea)* nur ein kurzes Gastspiel, da man sie nach der Blüte zurückschneidet.

DUFTENDE STAUDEN. Damit sich ihre Düfte nicht unbemerkt verflüchtigen, pflanzt man sie in Terrassenbeete, rund um den Sitzplatz oder unter ein Fenster. Schweres, süßes Parfum verströmen neben zahlreichen Ziergehölzen, Rosen und Nelken *(Dianthus*-Arten), auch Madonnenlilie *(Lilium candidum)* und Königslilie *(Lilium regale)*, beide von ätherischem Weiß. Zarter Honigduft umgibt Frauenmantel *(Alchemilla mollis)*, Hohen Phlox *(Phlox-Paniculata*-Hybriden), Himmelsleiter *(Polemonium caeruleum)* und Palmlilie *(Yucca filamentosa)*. Eher würzige Noten steuern hingegen Lavendel *(Lavandula angustifolia)*, Monarda *(Monarda*-Hybride), Katzenminze *(Nepeta*-Arten), Edelraute *(Artemisia*-Arten), Rosenwaldmeister *(Phuopsis stylosa)* und Kräuter bei.

SILBER- UND GRAULAUBIGE STAUDEN. Diese Sonnenkinder lieben trockenen, durchlässigen Boden und sollten in keinem Garten fehlen. Mit unaufdringlicher Eleganz bringen sie Begleitfarben zum Leuchten und können zwischen Farbkontrahenten harmonisch vermitteln. Weiße Gärten nehmen gar durch ihr behaartes Silberkleid in der Dämmerung einen Hauch irisierender Unwirklichkeit an. Der Silberblattsalbei *(Salvia argentea*, ◀ oben) ist zwar nur zweijährig, erstahlt aber in wolligen Silbertönen, die im Juli und August die Gesellschaft gelber Blüten erhalten und dem Blau der Katzenminze *(Nepeta* x *faassenii* 'Six Hill's Giant') einen erfrischenden Beigeschmack verleihen. Heiligenkraut *(Santolina chamaecyparissus*, ◀ Mitte) blüht ebenfalls von Juli bis August gelb. Wie Lavendel *(Lavandula angustifolia*, ◀ unten) eignet sich der aromatische Halbstrauch als Begleit- und Einfassungspflanze. Edeldisteln *(Eryngium*-Arten, ▶ oben) blühen über bizarren Hochblättern und sind mit ihrer silber- oder stahlblauen Färbung gute Partner für Schafgabe *(Achillea)*, Salbei *(Salvia)*, Katzenminze *(Nepeta)* und Lavendel. Der Wollziest *(Stachys byzantina* 'Silver Carpet', ▶ Mitte) entrollt mit seinem weißfilzigen Laub und ebensolchen Blüten dekorative Teppiche, die zwischen allen Farben vermitteln können und unglaublich apart zu Füßen der roten Zwergberberitze *(Berberis thunbergii* 'Atropurpurea Nana') aussehen. Auch die 70 cm hohe Edelraute *(Artemisia ludoviciana* 'Silver Queen', ▶ unten) schmeichelt Blüten und Blättern trockenheitsliebender Nachbarn. Abschließend dürfen zwei blaue Herbstblüher mit silbergrauem Laub nicht vergessen werden: Perovskie *(Perovskia atriplicifolia* 'Blue Spire') und Bartblume *(Caryopteris* x *clandonensis)*, die Bienen erfreuen und mit Rosen zu traumhaften Farbmelodien verschmelzen.

GRÄSER UND FARNE. Beide bezaubern mit elegantem Wuchs und lassen sich herrlich mit Stauden und Rosen kombinieren – Farne im lichten Schatten, Gräser je nach Art auch in sonnigen Beeten, wo viele im Herbst in braun-, orange- bis maisgelben Tönen zu lodern beginnen.

POLSTERSTAUDEN FÜR MAUERN UND FUGEN. Unter diesen vorwiegenden Frühjahrsblühern, deren zierliches Laub zur Blütezeit unter einem Meer niedlicher Blüten versinkt, befinden sich Halbschatten liebende, wie Moossteinbrecher *(Saxifraga-Arendsii*-Hybriden), vor allem aber zahlreiche sonnenhungrige, wie Polsterphlox *(Phlox-Subulata*-Hybriden).

FRÜHLINGSBLÜHER AUS ZWIEBELN UND KNOLLEN. Mit heiterem Weiß, Gelb und Blau läuten sie den Frühling ein. Krokusse, Schneeglöckchen, Winterlinge, Buschwindröschen, Märzenbecher, Narzissen und andere verströmen anmutigen Liebreiz, wenn sie im Rasen oder unter Gehölzen verwildern.

Erstes Frühlingsblau. Ab März lugen Leberblümchen (Hepatica transsylvatica) *mit strahlenden Augen durchs Falllaub. Unter und vor Laubhecken, deren Halbschatten und Schutz sie lieben, tupfen sie pointillistische Teppiche in den Garten, die von fern wie zarte Gespinste aussehen und jährlich größer werden.*

Blumenglück. Die Frische eines Sommertags hat dieses Beet mit einjährigen Sommerblumen eingefangen. Gelber Sonnenhut (Rudbeckia hirta) *tummelt sich heiter mit himmelblauem Azur-Salbei* (Salvia patens), *überbaut von den kleinen violetten Dolden des Schleiereisenkrauts* (Verbena bonariensis). *Während es vereinzelt gesetzt sparrig wirkt, kann es bei dichter Verwendung violette Schleier über ganze Beete breiten. Mit seiner späten Blüte bis in den Oktober malt es auch – tänzelnd über den rostroten Dolden der Purpurfetthenne – atemberaubende Bilder.*

Blütenwogen für ein Jahr

Sommerblumen, die Lieblingskinder des Bauerngartens, sind als lebens-
ungestümem Temperament verschwenderisch blüht – oft in Scharlach-
Für feinsinnig-romantische Gärten wird man auf diese grellen Farben
freudige Arten mit zarter Anmut wählen – oder eine der neueren hin-
tenmischungen eigentlich knallbunter Arten. Es lohnt sich also, den

Sommerblumen benötigen vom Samenkorn bis zum Blütenmeer nur ein oder zwei Jahre – verständlich, dass dazu beste Voraussetzungen nötig sind. Erhalten sie ein Plätzchen an der Sonne, humosen, nährstoffreichen Boden und ausreichende Feuchtigkeit, bedanken sie sich mit langem reichem Blütensegen.

Einjährige Blumen können ab März im Haus vorkultiviert, Jungpflanzen ab Mai ausgepflanzt werden. Man verwendet sie zum Auffüllen von Lücken zwischen Stauden, in reinen Sommerblumenbeeten, als Partner von Rosen oder in Gefäßen, kletternde Arten auch an Rankgerüsten. Zudem lässt sich das Boukett des Gartens durch duftende Arten bereichern, wie Levkoje *(Matthiola incana)*, Gartenresede *(Reseda odorata)*, Ziertabak (*Nicotiana* x *sanderae*), Duftwicken *(Lathyrus odoratus)*, Vanilleblume *(Heliotropium arborescens)* und Duftsteinrich (*Lobularia maritima)*.

lustiges Völkchen bekannt, das mit
rot, lautem Pink und sonnigem Gelb.
eher verzichten und stattdessen blüh-
reißend pastelligen Sorten oder Sor-
Markt zu beobachten.

Anmutig vereint. Wie von Feenhand arrangiert wirkt dieses Zusammentreffen von hohem Leberbalsam (Ageratum houstonianum) *und weißer Kosmee* (Cosmos bipinnatus).

Zweijährige sät man hingegen im Juni aus und setzt die Jungpflanzen im Herbst an den gewünschten Platz. Erst im Folgejahr bilden sie Blüten. Die Frühjahrsblüher unter ihnen wie Maßliebchen *(Bellis perennis)*, Stiefmütterchen *(Viola* x *Wittrockiana*-Hybriden) und Vergissmeinnicht *(Myosotis sylvatica)* lassen sich wunderschön mit Zwiebelblumen kombinieren. Der ab April/Mai blühende Goldlack *(Cheiranthus cheiri)* ergibt zusammen mit Mondviole *(Lunaria annua)* und Nachtviole *(Hesperis matronalis)* nicht nur bezaubernde Farbbilder, sondern auch Duftinseln, die ihresgleichen suchen. Von Mai bis Juli öffnen dann die einzigartigen Marienglockenblumen *(Campanula medium)* ihre weißen und blauen Becher zeitgleich mit den duftenden Bartnelken *(Dianthus barbatus)*, denen ab Juli die schlanken hohen Stockrosen *(Alcea rosea)* mit ihren gekreppten Seidenblüten folgen.

Blütenparade in Gefäßen

Sommerblumen oder bei uns nur einjährig kultivierte Balkonblumen können in attraktiven Gefäßen Eingänge und Terrassen, Treppen und Sitzplätze, Wege und Teiche mit Blüten krönen. Besonders reizvoll sind überhängende und hängende Pflanzen, die aus Ampeln herabquellen oder als Unterpflanzung den Fuß von Hochstämmchen umschmeicheln. Über die Haarlänge eines Bubiköpfchens werden die Triebe der Hängelobelie *(Lobelia erinus* 'Richardii', ▲) bald hinausgewachsen sein.
Das silberlaubige Helichrysum *(Helichrysum petiolare* 'Silberwolke') bindet die weiße Petunie *(Petunia*-Hybride) harmonisch ein, während sie mit violetten Vanilleblumen *(Heliotropium arborescens)* raffinierte Kontrasteffekte erzielt.
Blau-Weiß ist das Thema dieses kleinen Topfarrangements (▶). Vor der immergrünen Skulptur der Buchskugel geben sich Strauchmargerite *(Argyranthemum frutescens)*, Blaues Gänseblümchen *(Brachyscome iberidifolia)* und Ochsenzunge *(Anchusa capensis)* ein Stelldichein, während im prächtigen Vierecktopf daneben weißer Duftsteinrich *(Lobularia maritima)* mit blauem Leberbalsam *(Ageratum houstonianum)*, Margeriten und Verbenen *(Verbena*-Hybriden) um die Wette blüht.

Kräuter als Partner

Mit zierlichen Blättern und grazilen Blüten, raffinierten Blattfarben, schen Aromen sind Kräuter wie geschaffen für romantische Gärten. ten, verlieren sie nichts von ihrer delikaten Ausstrahlung. Die meisten tigen Wohle und zur Freude des Gartenfreundes gerne in die Ge- Sommerblumen, Stauden, Rosen, Kletterpflanzen oder Gehölze. Und

Beim Gestalten mit Küchen- und Heilkräutern sollte man neben Wuchsform und Farbe beachten, ob sie ein- oder mehrjährig sind und ob sie Sonne benötigen oder Halbschatten vertragen.
Dekorative, hohe Kräuter können in Beeten dominante Leitstauden sein, zum Beispiel Engelwurz *(Angelica archangelica)*, die wunderschön mit Frauenmantel *(Alchemilla mollis)* unterpflanzt werden kann, oder Königskerze *(Verbascum*-Hybriden) mit einem Fußvolk aus Katzenminze *(Nepeta)*, Salbei *(Salvia officinalis)* und silbergrauem Heiligenkraut *(Santolina chamaecyparissus)*.
Attraktive Begleiter für Rosen und Stauden sind:

- Lavendel *(Lavandula angustifolia)*, von dem es auch weiß- ('Nana Alba') und rosablühende Sorten ('Rosea') gibt,
- Salbei *(Salvia officinalis)*, dessen buntlaubige Sorten neben der intensivblauen Blüte auch wegen ihres Blattschmuckes immer

umwogt von geheimnisvollen, magi-
Selbst unter sich, in reinen Kräutergär-
begeben sich aber auch zum beidersei-
sellschaft anderer Pflanzen, seien es
ernten kann man sie auch dort.

Kräuterreigen. Ein Kranz aus Blumen und Kräutern gebunden ist eine duftende Tischdekoration und kann bei romantischen Sommerfesten auch einmal eine Statue im Garten bekränzen.

beliebter werden, zum Beispiel die violettgrüne Sorte 'Purpurascens' oder 'Tricolor' mit weißbunten Blättern.

- Fenchel *(Foeniculum vulgare)* und Dill *(Anethum graveolens)*, die mit ihrem feinen Laub und den gelben Doldenblüten anmutig gelbe und weiße Rosen umwogen.
- Baldrian *(Valeriana officinalis)*, dessen weißlich-rosa Blüten man die Robustheit nicht ansieht, neigt zum Versamen.
- Muskatellersalbei *(Salvia sclarea)* ist zweijährig und mit seinen bis 1,2 m hohen, zartrosa Blütenrispen ein Traum.
- Wermut *(Artemisia absinthium)* wächst zu einem silbergrauen, buschigen, bis 1,5 m hohen Halbstrauch heran, der als Nachbar Johannisbeeren vor Säulenrost bewahrt.
- Schnittlauch *(Allium schoenoprasum)* ist mit rosa Blüten eine reizende Beeteinfassung, sorgt darin aber auch für Auflockerung.

Ideen mit Kräutern

Der Purpursalbei *(Salvia officinalis* 'Purpurascens', ▲) bereichert Küche wie Garten. Sein violettgrünes Laub ist winterbeständig und sieht zwischen grünlaubigen Stauden oder Zwerggehölzen bezaubernd aus. Von Juni bis Juli erscheinen die blauen Blüten.
Oregano *(Origanum vulgare,* ◄) zieht von Juli bis September mit seinen weißlich-rosa Blüten zahlreiche Insekten an. Die winterharte Staude gedeiht auch gut in Gefäßen.
Dieser Kräutergarten (►) beweist, wie nah sein Genre an romantische Gärten heranreichen kann. Von zentraler Bedeutung ist ein markanter Schwerpunkt inmitten der filigranen, kleinteiligen Kräuter. Im Vordergrund blüht violetter Lavendel, zu dem einige frischgrüne Sauerampfer-Triebe einen deutlichen Kontrast bilden. Zu seiner rechten Seite gedeihen Dill und Beinwell *(Symphytum officinale)*, hinter dem sich blauer Ysop *(Hyssopus officinalis* ssp. *officinalis)* ausbreitet, bis er die zartrosa Rispen des Muskatellersalbeis vor der Putte erreicht. Der einheitlich ruhige Hintergrund der Figur ist Wermut *(Artemisia absinthium)* zu verdanken. Links überragen ihn die langen roten Stängel des Beifußes *(Artemisia vulgaris)*, vor dem sich Bergbohnenkraut *(Satureja hortensis)* und die silbrigen Pulks des Heiligenkrauts erheben.

Adressen

Dr. Karlheinz Müller und
Annemarie Müller-Brese
Ellringerstr. 20
D-21368 Dahlenburg
Tel. 05851 / 214
Der Rosengarten des Titels kann vom 1. Juni bis 15. Juli nach vorheriger telefonischer Anmeldung besichtigt werden.

Friedrich Hechelmann
Maler
Kunsthalle im Schloss
D-88316 Isny im Allgäu
S. 1, 13, 30 u.

Yvonne von Scheffer
Naturnahe Gärten
Schaidhaufstr. 6
D-86911 Diessen
Tel. 08807 / 4124
S. 15, 16 u., 48 u., 49

Rosengärten der Kartause Ittingen,
bei Winterthur, Schweiz
S. 28/29

Garten und Kunst in Thierach
Carola Rückert
Thierach 45
D-96472 Rödental
Tel. 09563 / 3535
www.gartenundkunst-thierach.de
S. 21, 22 o., 27

Gertrud Murr-Honikel
Künstlerin
Oberhacken 2
D-95326 Kulmbach
Tel. 09221 / 86908
S. 21

Udo Noller
Nostalgische Pavillons
Gartenstr. 5
D-74427 Fichtenberg
Tel. 07971 / 22266
S. 33

Ewald Hügin
Gärtnerei
Zähringer Str. 281
D-79108 Freiburg
Tel. 0761 / 5009958
S. 32 o., 86 u.

Brigitte Peglow
Keramikwerkstatt
Wasserturmstr. 45
D-85737 Ismaning
Tel. 089 / 96200070
www.isar-art.com
S. 42 o. und u., 43. u., 58 o., 86 o.

Dore Müller
Landschaftsarchitektin
BDLA/DWB
Dorfstr. 51
D-86925 Fuchstal/Asch
Tel. 08243 / 1585
S. 64 o.

Wohlgemut
Kräutergärtnerei
Sandra Osterloher
Gärtnerstr. 2a
D-85368 Moosburg
Tel. 08761 / 759875
S. 91

Gertrud Lutz
Christ- und Lenzrosen
Finkenweg 4
D-97506 Grafenrheinfeld
Tel. 09723 / 4952
S. 95

Dank
Autorin und Fotografin danken Gertrud und Ernst Rupp sowie allen anderen Gartenbesitzern, den Planern und Gärtnern des Staudengartens Weihenstephan, der Insel Mainau und den Rosenfreunden Winterthur.

Bildnachweis

Alle Fotos von Christa Brand, München

Literaturnachweis

Andrea Bärtels, *Gartengehölze*, Stuttgart 1991
Deno Bown, *Dumont's Große Kräuterenzyklopädie*, Köln 1996
Lothar Denkewitz, *Farngärten*, Stuttgart 1995
John Gage, *Kulturgeschichte der Farbe*, Ravensburg 1997
Valentin Hammerschmidt, Joachim Wilke, *Die Entdeckung der Landschaft*, Stuttgart 1990
Dieter Herbel, *Sommerblumen*, Stuttgart 1992
Penelope Hobhouse, *Die schönsten Blumengärten*, Stuttgart 1992
Leo Jelitto, Wilhelm Schacht, Alfred Feßler, *Die Freiland-Schmuckstauden*, Stuttgart (4. Aufl.) 1990
Helmut Schanze (Hrsg.), *Romantik-Handbuch*, Stuttgart 1994
Patrick Taylor, *Die 200 schönsten Strauch- und Kletterrosen*, Stuttgart 1995
Helga Urban, *Ein Garten der Düfte*, München 1999
Rosemary Verey, *Formen & Farben im Garten*, Ravensburg 1991
David Austin, *Alte & Englische Rosen*, Köln (5. Aufl.) 1997
Ders., *Rosenhandbuch 2001*, erhältlich über folgende Anschrift: Bowling Green Lane, Albrighton, Wolverhampton WV7 3HB England
Katalog der Staudengärtnerei Gräfin von Zeppelin, erhältlich über folgende Anschrift: Staudengärtnerei Gräfin von Zeppelin, D-79295 Sulzburg-Laufen
Katalog der Staudengärtnerei Georg Arends, erhältlich über folgende Anschrift: Staudengärtnerei Georg Arends, Monschaustr. 76, D-42369 Wuppertal-Ronsdorf
Clematis-Kataloge, erhältlich über folgende Anschriften:
Clematis Kulturen Friedrich Manfred Westphal, Peiner Hof 7, D-25497 Prisdorf
Rosen Jensen GmbH, Am Schlosspark 2b, D-24960 Glücksburg
Kataloge für historische Rosen, erhältlich über folgende Anschriften:
Walter Schultheis, Rosenhof, D-61231 Bad Nauheim-Steinfurth
Rosengärtnerei Kalbus, D-90518 Altdorf/Hagenhausen
Rosen Jensen GmbH, s.o.
Kataloge für moderne Rosen, erhältlich über folgende Anschriften:
W. Kordes' Söhne, D-25365 Klein Offenseth-Sparrieshoop
Rosenwelt Tantau, Tornescher Weg 13, D-25436 Uetersen bei Hamburg.
Baum- und Rosenschulen BKN Strobel, Wedeler Weg 62, D-25421 Pinneberg
Noack Rosen, Im Waterkamp 12, D-33334 Gütersloh
Rosen-Union, Steinfurther Hauptstr. 27, D-61231 Bad Nauheim-Steinfurth
Delbard, 16, quai de la Mégisserie, F-75054 Paris cedex 01, Frankreich
Poulsen Roser ApS, Hillerødvejen 49, DK-3480 Fredensborg, Dänemark

Impressum

Streitfeldstraße 35, D-81673 München
www.callwey.de
E-Mail: buch@callwey.de

Die Deutsche Bibliothek – CIP-Einheitsaufnahme
Ein Titeldatensatz für diese Publikation ist bei Der Deutschen Bibliothek erhältlich.

ISBN 3-7667-1506-2

Litho, Druck und Bindung: Fotolito Longo, Bozen
Printed in Italy 2002

Garten-Nostalgie

Nostalgie pur!
Anhand zahlreicher Beispiele zeigen die Autorinnen, wie Sie mit einer Kombination aus traditionellen und eher ungewöhnlichen Pflanzen und Materialien eine ländliche Idylle zaubern können.

Gisela Keil/Christa Brand/Gisela Caspersen
Stimmungsvolle Bauerngärten
96 Seiten, 110 Abbildungen. Gebunden.
ISBN 3-7667-1459-7

Das Urelement Wasser verleiht jedem Ort eine besondere Atmosphäre. Wunderschöne Fotos und fundierte Tipps zeigen Ihnen, wie Sie dieses faszinierende Element stimmungsvoll in Ihren Garten integrieren können.

Ursula Barth/Christa Brand/Nik Barlo jr.
Teiche und Badeteiche
96 Seiten, 105 Abbildungen. Gebunden.
ISBN 3-7667-1384-1